RÉPUBLIQUE FRANÇAISE

PRÉFECTURE DE L'AUBE

OFFICE DÉPARTEMENTAL DE PLACEMENT

BUREAUX A TROYES, Place Jean-Jaurès

(à l'angle Nord-Est de la BOURSE DU TRAVAIL)

Ouverts les jours ouvrables de 9 à 12 h. et de 14 à 18 h. 30

Téléphone 6-40

I. — Réorganisation. — Composition et attributions de la Commission paritaire administrative de contrôle de l'Office et des Sections paritaires professionnelles.

II. — Composition de la Commission paritaire administrative du contrôle de l'Office.

III. — Règlement du Personnel.

IV. — Promotions de classes du Personnel administratif.

(Extrait du *Recueil des Actes administratifs* de la Préfecture, n° 8 de 1926)

TROYES

IMPRIMERIE TROYENNE

8, Place de l'Hôtel-de-Ville

1926

OFFICE DÉPARTEMENTAL DE PLACEMENT

(Extrait du *Recueil des Actes administratifs* de la Préfecture, n° 8 de 1926)

(1re Division.)

I. OFFICE DÉPARTEMENTAL DE PLACEMENT. — RÉORGANISATION. — COMPOSITION ET ATTRIBUTIONS DE LA COMMISSION PARITAIRE ADMINISTRATIVE DE CONTRÔLE DE L'OFFICE ET DES SECTIONS PARITAIRES PROFESSIONNELLES. — *Arrêté.*

Le Préfet de l'Aube,
Chevalier de la Légion d'honneur,

Vu la loi du 2 février 1925 concernant les bureaux publics de placement ;

Vu le décret du 9 mars 1926 portant règlement d'administration publique pour l'application de ladite loi ;

Vu les arrêtés préfectoraux en dates des 26 et 29 décembre 1915 et du 10 mai 1916 réglementant le statut de l'Office départemental de Placement et là composition de la Commission administrative de l'Office ;

Vu la dépêche de M. le Ministre du Travail, de l'Hygiène, de l'Assistance et de la Prévoyance sociales en date du 12 juillet 1926 ;

Sur la proposition de M. le Secrétaire général ;

ARRÊTE :

ARTICLE PREMIER. — Sont rapportés les arrêtés préfectoraux susvisés en dates des 26 et 29 décembre 1915 et du 10 mai 1916 réglementant le statut de l'Office départemental de Placement et la composition de la Commission paritaire administrative de l'Office ;

ART. 2. — L'Office départemental, installé dans un local spécialement affecté, pourvu du téléphone, d'accès facile au public, sera signalé à l'attention par des affiches et enseignes très apparentes.

ART. 3. — Le personnel administratif des bureaux de l'Office sera soumis à un statut qui sera défini ultérieurement par arrêté préfectoral après avis de la Commission paritaire administrative de contrôle de l'Office. Cet arrêté réglementera également les conditions générales ǀdu fonctionnement des bureaux et notamment leurs heures d'ouverture.

ART. 4. — La Commission paritaire administrative de contrôle prévue au paragraphe 2 de l'article 85 du livre Ier du Code du Travail est composée comme suit :

1° *Membres titulaires :*

Le Préfet ou son délégué ; -

Deux Conseillers généraux, désignés pour la durée de leur mandat, par leurs collègues ;

Un représentant du Comité départemental des mutilés, désigné par ce Comité ;

Le Chef de l'Office régional de la Main-d'œuvre, à Paris, 2, avenue Rapp ;

MM. les Maires de Troyes, Sainte-Savine et Romilly-sur-Seine ;

Sept représentants des syndicats patronaux répartis comme suit :

Un représentant de la Chambre syndicale de la Bonneterie ;

Un représentant de la Chambre syndicale du Bâtiment ;

Un représentant des petits commerçants, détaillants et artisans ;

Un représentant de la Chambre syndicale de la Métallurgie ;

Un représentant de la Chambre syndicale des Hôteliers, Restaurateurs et Débitants de Boissons de la ville de Troyes et du département de l'Aube ;

Deux représentants des Associations agricoles.

Sept représentants des syndicats ouvriers répartis comme suit :

Un représentant des syndicats réformistes ;

Un représentant des syndicats autonomes ;

Un représentant des syndicats chrétiens ;

Un représentant des syndicats unitaires ;

Un représentant du Syndicat des Garçons bouchers, charcutiers et similaires du département de l'Aube ;

Deux représentants des ouvriers agricoles.

2° *Membres avec voix consultative :*

M. le Directeur des Services agricoles ou son délégué ;

M. l'Inspecteur départemental du Travail ;

M. le Directeur de l'Office départemental de placement.

ART. 5. — Les membres patrons, ouvriers ou employés seront choisis parmi les personnes exerçant depuis trois ans au moins leur profession dans le département, et sur la proposition des syndicats de patrons, d'ouvriers ou d'employés appartenant à ces professions, sauf en ce qui concerne les représentants de l'agriculture qui seront désignés — en ce qui concerne les patrons — sur la proposition de la Fédération des Associations agricoles de l'Aube et — en ce qui concerne les ouvriers — sur la proposition des Syndicats d'ouvriers agricoles ou, à défaut, de M. le Directeur des Services agricoles.

Art. 6. — Les membres ci-dessus désignés sont nommés pour trois ans par arrêté préfectoral.

Art. 7. — La Commission paritaire administrative de contrôle de l'Office départemental de placement présente au Préfet toutes propositions qu'elle juge utiles relativement à l'organisation et au développement de l'Office départemental et, le cas échéant, des sections paritaires professionnelles.

Art. 8. — Elle présente au Préfet un projet de budget des services et soumet à la session budgétaire du Conseil général un rapport sur leur fonctionnement.

Art. 9. — Le budget de l'Office est établi d'après les principes du budget départemental ; un budget primitif sera présenté à la session d'août du Conseil général et un budget additionnel à la session d'avril.

Il prévoiera, notamment, les crédits nécessaires pour assurer la rémunération du personnel, le paiement du loyer du local, des dépenses d'entretien, de fonctionnement, du téléphone, de correspondance et de publicité. Il prévoiera enfin les frais de déplacement du Directeur de l'Office et, notamment, ceux entraînés par sa participation aux travaux de la Commission qui se réunit annuellement à Paris et qui comprend tous les Directeurs d'Offices de Placement.

Art. 10. — Il peut être institué, selon les besoins, des sections paritaires professionnelles, qui sont placées sous l'autorité du Directeur de l'Office départemental.

Art. 11. — Les Commissions adjointes, s'il y a lieu, aux sections professionnelles, sont composées d'au moins quatre patrons et ouvriers ou anciens patrons et ouvriers de la profession, désignés par le Préfet dans les mêmes conditions que les membres patrons et ouvriers de la Commission administrative.

Art. 12. — Il pourra être institué une section agricole, après entente avec la Fédération des Associations agricoles de l'Aube, afin de permettre une plus étroite collaboration avec l'Office de la Main-d'œuvre agricole. Le Directeur des Services agricoles ou son délégué a le droit d'assister avec voix consultative aux séances de la Commission de la Section agricole. Il y est toujours convoqué.

Art. 13. — La Commission adjointe à une section professionnelle émet son avis sur toutes les questions concernant le placement dans la profession. Ses délibérations et avis sont communiqués à la Commission administrative de l'Office qui arrête définitivement les propositions à formuler.

Art. 14. — Chaque Commission de section professionnelle délègue un patron et un ouvrier avec voix délibérative aux séances de la Commission administrative de l'Office départemental.

Art. 15.— Le président de la Commission paritaire administrative de contrôle de l'Office est élu pour un an par les membres de la Commission au scrutin secret et à la majorité absolue. Si, après deux tours de scrutin, aucun candidat n'a obtenu la majorité absolue, il est procédé à un troisième tour de scrutin et l'élection a lieu à la majorité relative. En cas d'égalité de suffrages, le plus âgé est déclaré élu.

Ne peuvent être candidats à la présidence, les membres employeurs ou employés, l'agent ayant la direction du service départemental et le préposé d'une section professionnelle.

Art. 16. — Le Président ne vote pas.

Art. 17. — Les mêmes règles sont applicables aux présidents des Commissions adjointes aux sections professionnelles.

Art. 18. — Dans toutes délibérations de la Commission paritaire administrative de contrôle et des Commissions adjointes aux sections professionnelles, les patrons et ouvriers ou employés ne doivent prendre part au vote qu'en nombre égal.

Dans le cas où les patrons et ouvriers ou employés ne sont pas présents en nombre égal, un tirage au sort détermine le ou les membres qui ne prennent pas part au vote.

Les décisions sont prises à la majorité des membres présents. Au sein de la Commission administrative, cette majorité doit, dans les questions d'ordre professionnel, comprendre la majorité des membres patrons, ouvriers et employés.

Art. 19. — La Commission paritaire administrative de contrôle se réunira au moins une fois par trimestre, les derniers samedis des mois de mars, juin, septembre et décembre. Toutefois, en cas d'urgence, le président peut — à la demande du Préfet, à la demande du tiers des membres de la Commission, ou de sa propre initiative — convoquer la Commission en séance extraordinaire.

Art. 20. — Le budget primitif est présenté à la séance de juin ; le budget additionnel à la séance de mars.

Art. 21. — Dans le cas où un service d'orientation pro-

,fessionnelle n'est pas adjoint à l'Office départemental de placement, celui-ci doit se tenir en relations avec le ou les services voisins d'orientation professionnelle existant en dehors de lui.

Art. 22. — Dans les salles où le public a accès, est apposée une affiche rappelant que le placement est rigoureusement gratuit et que l'article 87 du livre Iᵉʳ du Code du Travail interdisant à tout gérant ou employé du service de percevoir une rétribution ou récompense quelconque à l'occasion du placement d'un ouvrier ou employé, il est formellement défendu aux employeurs et aux ouvriers ou employés d'offrir une rétribution quelconque au personnel des bureaux.

Sont également affichés ou tenus à la disposition des intéressés, les conventions collectives de travail et les bordereaux de salaires, qui auront été portés à la connaissance des services par les organisations intéressées.

Art. 23. — Ne doivent être considérées comme placements que les opérations d'embauchage pour lesquelles il peut être apporté la preuve que l'employeur a accepté l'ouvrier présenté par le bureau. Ces preuves, qui sont à conserver pendant une année au moins, doivent être tenues à la disposition des agents des Offices régionaux de la Main-d'œuvre, chargés par le Ministre du Travail de vérifier le fonctionnement des bureaux de placement.

Elles doivent permettre de faire la ventilation entre les placements à demeure et les placements en extra.

Par placements en extra, il faut entendre ceux qui sont faits pour une durée déterminée, ne dépassant pas une semaine ou ceux dont la durée, quoique indéterminée, ne doit pas normalement dépasser une semaine en raison de la nature des travaux ou des usages de la profession. Sont considérés comme placements à demeure, les placements à durée indéterminée non visés ci-dessus, ainsi que les placements à durée déterminée, dépassant une semaine.

Art. 24. — En cas de conflit collectif ayant entraîné une cessation de travail, le service de placement continue de fonctionner. Mais si ce conflit est de notoriété publique ou a été porté à la connaissance du service, celui-ci est tenu d'en avertir tout demandeur auquel est offert un emploi dans une entreprise atteinte, directement ou indirectement, par le conflit ou tout employeur de la profession intéressée demandant du personnel.

La liste desdites entreprises est, en outre, affichée dans la salle réservée aux demandeurs et aux offreurs.

Art. 25. — L'Office départemental est tenu de renvoyer, dûment remplis, dans les délais qui lui sont impartis, les états périodiques concernant la situation du marché du travail de sa circonscription qui lui sont adressés par l'Office central de la Main-d'œuvre nationale.

Le bureau départemental doit également fournir sur toutes les questions intéressant le placement de la main d'œuvre et la situation du marché du travail, notamment sur la compensation des offres et des demandes d'emplois entre les divers bureaux, sur les demandes d'introduction et de régularisation de situation de main d'œuvre étrangère, sur la délivrance des bons de transport aux chômeurs, tous renseignements qui lui sont demandés par l'Office central ou les Offices régionaux de la Main-d'œuvre chargés d'assurer la coordination de ses opérations et l'exécution des instructions ministérielles.

Art. 26. — M. le Secrétaire général de la Préfecture est chargé d'assurer l'exécution du présent arrêté qui aura effet à dater de ce jour et qui sera publié au *Recueil des Actes administratifs*.

Troyes, le 15 juillet 1926.

Le Préfet,

F. ATGER.

(1ʳᵉ Division.)

II. Office départemental de placement. — Composition de la Commission paritaire administrative de contrôle de l'Office. — *Arrêté*.

Le Préfet de l'Aube,
Chevalier de la Légion d'honneur,

Vu la loi du 2 février 1925 concernant les bureaux publics de placement ;

Vu le décret du 9 mars 1926 portant règlement d'administration publique pour l'application de la dite loi ;

Vu l'arrêté préfectoral en date du 15 juillet 1926 portant organisation, composition et attributions de la Commission paritaire administrative de contrôle de l'Office départemental de placement ;

Vu les propositions faites par le Conseil général, l'Office départemental des Mutilés et les Organisations patronales et ouvrières ;

Arrête :

Article premier. — Sont nommés pour trois ans membres de la Commission paritaire administrative de contrôle de l'Office départemental de placement :

1° *Membres titulaires* .

M. le Préfet de l'Aube ou son délégué ;

M. Clévy, maire de la ville de Troyes ;

M. Berniolle, maire de la ville de Sainte-Savine ;

M. Millet, maire de la ville de Romilly-sur-Seine ;

M. de Launay, conseiller général, maire de Clérey, représentant le Conseil général ;

M. Bridou, conseiller général, maire de Nogent-sur-Seine, représentant le Conseil général ;

M. Bertin Paul, 6, rue d'Auxerre à Troyes, représentant le Comité départemental des Mutilés, Réformés et Veuves de Guerre ;

M. Doignon, chef de l'Office régional de la Main d'œuvre, 2, avenue Rapp, à Paris ;

M. Herbin Henri, 6, rue Voltaire, à Troyes, représentant la Chambre syndicale de la Bonneterie ;

M. Feyel, ancien entrepreneur, rue Ambroise-Cottet, à Troyes, représentant la Chambre syndicale du Bâtiment ;

M. Maillart, pâtissier, 62 bis, rue Urbain-IV, à Troyes, représentant les petits commerçants, détaillants et artisans ;

M. de la Perrière, 26, rue Hennequin, à Troyes, représentant la Chambre syndicale de la Métallurgie ;

M. Emile Levé, propriétaire du Café du Rocher, 37, rue du Théâtre, à Troyes, représentant la Chambre syndicale des Hôteliers, Restaurateurs et Débitants de boissons de la ville de Troyes et du département de l'Aube ;

M. Geoffroy, à Moussey, représentant les Associations agricoles ;

M. Bouhenry, maire de Saint-Martin-de-Bossenay, représentant les Associations agricoles ;

M. Pierre Charrié, 15, rue de la Cité, à Troyes, représentant les Syndicats réformistes ;

M. Marcel Guénerie, 42, rue Courtalon, à Troyes, représentant les Syndicats autonomes ;

M. Marcel Hériot, rue de la Haute-Charme, à Troyes, représentant les Syndicats chrétiens ;

M. Marcel Cuny, 14, rue Traversière, à Troyes, représentant les Syndicats unitaires ;

M. Paul Lemaire, 13, rue de Gournay, à Troyes, représentant le Syndicat des Garçons bouchers, charcutiers et similaires du département de l'Aube ;

M. Jeannot Claude, ferme de Souleaux, par St-Pouange, représentant les Ouvriers agricoles ;

M. Didier Paul, ferme de la Planche, à Saint-Léger-près-Troyes, représentant les Syndicats agricoles.

2° *Membres avec voix consultative :*

M. le Directeur des Services agricoles ou son délégué ;

M. l'Inspecteur départemental du Travail ;

M. le Directeur de l'Office départemental de placement.

ART. 2. — M. le Secrétaire général de la Préfecture est chargé de l'exécution du présent arrêté qui aura effet à dater de ce jour.

Troyes, le 3 août 1926.

Le Préfet,
F. ATGER.

La Commission paritaire administrative de contrôle de l'Office départemental de placement, dans sa séance du 7 août 1926, a élu comme président, M. Clévy, maire de la ville de Troyes.

(1re Division.)

III. OFFICE DÉPARTEMENTAL DE PLACEMENT.— RÈGLEMENT DU PERSONNEL. — *Arrêté*

Le Préfet du Département de l'Aube,
Chevalier de la Légion d'honneur,

Vu la loi du 2 février 1925 concernant les bureaux publics de placement ;

Vu le décret du 9 mars 1926 portant règlement d'administration publique pour l'application de ladite loi ;

Vu l'arrêté préfectoral en date du 15 juillet 1926 portant organisation de l'Office départemental de placement et fixant la composition et les attributions de la Commission paritaire administrative du contrôle de l'Office et des sections paritaires professionnelles ;

Vu, par assimilation, l'arrêté préfectoral en date du 15 décembre 1925 portant règlement du personnel des bureaux de la Préfecture et des Sous-Préfectures, modifié par l'arrêté préfectoral en date du 19 mai 1926 ;

Vu, à la date du 7 août 1926, l'avis de la Commission paritaire administrative de contrôle de l'Office départemental de placement ;

Sur la proposition de M. le Secrétaire général ;

Arrêté :

Article premier. — Le personnel des bureaux de l'Office départemental de placement est soumis aux dispositions du présent règlement.

Art. 2. — Ce personnel comprend :

1° Un directeur ;

2° Un expéditionnaire.

Art. 3. — Les attributions du personnel de l'Office sont définies par M. le Ministre du Travail, de l'Hygiène, de l'Assistance et de la Prévoyance sociales, dans des circulaires spéciales dont M. le Directeur de l'Office est chargé d'assurer la stricte exécution.

Art. 4. — Le directeur et l'expéditionnaire sont nommés par le Préfet, sur proposition de la Commission paritaire administrative, à la suite d'un concours sur titres.

Art. 5. — Toute nomination est rendue publique par insertion au *Recueil des Actes administratifs*.

Art. 6. — Les employés nommés dans les conditions fixées au présent règlement, ne sont titularisés dans leur emploi qu'après un stage d'un an. L'employé qui, à l'expiration de ce délai, n'a pas été titularisé, est congédié sans qu'il puisse prétendre à aucune indemnité.

La durée du stage compte pour l'avancement.

Art. 7. — L'avancement dans chaque grade ou emploi a lieu d'une classe à la classe immédiatement supérieure.

Nul ne peut être promu à une classe supérieure s'il n'a, au moins, deux ans de services dans la classe qu'il occupe, et s'il n'est porté à un tableau d'avancement dressé dans le mois de décembre de chaque année par une Commission spéciale.

Art. 8. — Les inscriptions au tableau d'avancement ont lieu à raison de deux tours à l'ancienneté et d'un tour au choix.

Art. 9. — L'avancement sera au choix quand il sera accordé à un employé le jour où il atteindra deux ans d'ancienneté dans sa classe.

L'avancement sera de droit à l'ancienneté au bout de trois années passées dans une classe.

L'avancement sera facultatif à l'ancienneté quand il sera accordé à un employé dans le délai compris entre le minimum de l'avancement au choix et le maximum de l'avancement de droit à l'ancienneté.

Toutefois, le nombre des inscriptions à faire chaque année par la Commission d'avancement ne devra pas dépasser le nombre d'avancements de classe possibles en raison des crédits inscrits au Budget.

Le tableau d'avancement établi pour l'année suivante fera suite au tableau de l'année écoulée en ce qui concerne le nombre de tours à l'ancienneté et de tours au choix. Par exemple, si le tableau de l'année écoulée finit sur deux tours à l'ancienneté, le tableau de l'année suivante commencera par un tour au choix.

Art. 10. — La Commission spéciale précitée est composée ainsi qu'il suit :

Le Préfet, président.

Le Secrétaire général.

Le Président de la Commission paritaire administrative.

Art. 11. — Les classes dans chaque grade ou emploi et les traitements sont les suivants :

Le Directeur est assimilé à un rédacteur ou un rédacteur principal de la Préfecture dans les conditions suivantes :

Rédacteurs principaux :

1re classe	12.500 fr.
2e classe	12.000 »
3e classe	11.500 »
4e classe	11.000 »

Rédacteurs :

1re classe	10.500 fr.
2e classe	10.000 »

L'expéditionnaire est assimilé aux expéditionnaires de la Préfecture dans les conditions suivantes :

Expéditionnaires :

1re classe	9.200 fr.
2e classe	8.800 »
3e classe	8.400 »
4e classe	8.000 »
5e classe	7.600 »
6e classe	7.200 »
7e classe	6.900 »
8e classe	6.600 »
9e classe	6.300 »
10e classe	6.000 »

Le personnel des bureaux de l'Office bénéficie en outre de l'indemnité annuelle de 1.000 francs pour résidence et, le cas échéant, des indemnités pour charges de famille dans les mêmes conditions que le personnel des bureaux de la Préfecture et des Sous-Préfectures.

Art. 12. — Les bureaux de l'Office sont ouverts au public de 9 heures à 12 heures et de 14 heures à 18 h. 30. Les employés sont tenus d'être présents aux heures ci-dessus.

Art. 13. — Les employés doivent assurer l'exécution régulière du service normal qui leur est assigné ; par suite, lorsque les circonstances l'exigeront, ils seront tenus de rester à leur bureau au-delà des heures prévues, sans pouvoir prétendre à aucune rémunération spéciale.

Art. 14. — Il est expressément interdit au personnel de s'occuper, dans les bureaux, de questions étrangères au service. Les employés ne pourront emporter, hors de l'Office, aucun dossier, registre ou pièce quelconque, en vue d'un travail à domicile, sans autorisation spéciale.

Art. 15. — Il est rigoureusement interdit aux employés de cumuler leurs fonctions administratives avec d'autres fonctions (commerciales, industrielles, etc...)

Art. 16. — Les employés ne peuvent, sous aucun prétexte, quitter les bureaux pendant les heures réglementaires d'ouverture sans autorisation.

Si un employé se trouve dans l'impossibilité de se rendre à son bureau, il doit aussitôt en prévenir son Chef de service qui en rend compte au Secrétaire général.

A moins de cas urgents, ces absences ne peuvent s'étendre à plus d'une journée sans autorisation écrite du Secrétaire général.

Art. 17. — Le personnel, à quelque degré de la hiérarchie qu'il soit placé, ne doit pas oublier qu'il doit toujours accueillir le public avec la plus grande politesse, qu'il doit obligatoirement le renseigner ou le conseiller pour toutes les affaires dont il a la charge, que pour toutes autres affaires s'y rattachant il doit le faire encore chaque fois qu'il le peut.

Art. 18. — Les peines disciplinaires qui peuvent être infligées au personnel sont les suivantes :

L'avertissement ;

Le blâme avec inscription au dossier ;

Le retard dans l'avancement à l'ancienneté de droit, ce retard étant au maximum d'un an ;

La radiation du tableau d'avancement ;

La rétrogradation de grade ou de classe (la rétrogradation de grade ayant lieu à la 1re classe ou à la classe exceptionnelle du grade inférieur, et la rétrogradation de classe ayant lieu à la classe immédiatement inférieure) ;

La suspension, sans que sa durée puisse excéder six mois;

La révocation.

Art. 19. — L'avertissement et le blâme avec inscription au dossier sont prononcés par le Préfet.

Les autres peines sont prononcées par le Préfet, après avis d'un Conseil de discipline, composé ainsi qu'il est indiqué à l'article suivant.

Au cas où la peine du retard dans l'avancement à l'ancienneté de droit ou celle de la radiation du tableau d'avancement aurait été infligée, le Préfet peut — la Commission du tableau d'avancement entendue — accorder la remise totale ou partielle de la peine à l'employé qui a été frappé, s'il a fait preuve d'une application, d'un zèle et d'un dévouement tout particuliers, après la mesure disciplinaire dont il a été l'objet.

Art. 20. — Le Conseil de discipline précité est composé comme suit :

Le Secrétaire général, président ;

Un Sous-Préfet désigné par le Préfet ;

Le Président de la Commission paritaire administrative.

Le Chef de Division le plus ancien de grade, lequel peut être choisi comme rapporteur ;

Un employé de la Préfecture du même grade que l'employé déféré, ou d'un grade assimilé.

Art. 21. — Cet employé, ainsi que son suppléant pour chaque grade, est élu tous les deux ans par ses collègues. Il est rééligible.

Art. 22. — L'élection du titulaire et du suppléant a lieu, pour chaque grade, au scrutin secret, à la majorité absolue au premier tour et à la majorité relative au second tour. Chaque bulletin sera placé dans une enveloppe ne portant aucune inscription et renfermée elle-même dans une autre enveloppe cachetée sur laquelle le votant mentionnera ses nom, prénoms et grade. Le dépouillement sera effectué par une Commission composée de M. le Secrétaire Général de la Préfecture, président, et du ou des employés les plus anciens dans le même grade que celui ou ceux pour lesquels il est procédé à l'élection. En cas de ballottage, le second tour de scrutin aura lieu huit jours après le premier tour.

Art. 23. — Le Chef de service ou l'employé, sur le rapport duquel des poursuites disciplinaires ont été décidées, ne peut siéger au Conseil de discipline. L'employé traduit devant le Conseil peut récuser un de ses membres.

Art. 24. — En cas d'empêchement du Secrétaire général, la présidence est exercée par le Sous-Préfet.

Art. 25. — L'employé déféré au Conseil de discipline par le Préfet est mis en demeure, par lettre recommandée, de prendre connaissance, à la Préfecture, de son dossier et de toutes pièces relatives à l'affaire. Communication lui est donnée en même temps des noms des membres appelés à siéger au Conseil de discipline et du suppléant du représentant du personnel.

Il lui est accordé un délai de dix jours francs, à dater de la mise en demeure ci-dessus, pour présenter sa défense par écrit, pour désigner, s'il y a lieu, son défenseur, ainsi que les personnes qu'il désire faire entendre, et pour exercer son droit de récusation. Toutefois, en ce qui concerne le Secrétaire général, également président, il sera statué sur la validité de la récusation dont il pourrait être l'objet par le Conseil de discipline préalablement réuni à cet effet.

ART. 26. — Le Conseil de discipline se réunit dans le mois qui suit l'expiration des délais prévus à l'article précédent ; il entend, sur sa demande, l'employé déféré, le défenseur s'il y a lieu, ainsi que les personnes citées par les parties et celles qu'il croit devoir convoquer spontanément.

ART. 27. — Le Conseil statue hors de la présence de l'employé.

ART. 28. — La délibération du Conseil de discipline n'est valable que si elle est prise par cinq membres au moins (quatre au moins, en cas d'empêchement du Secrétaire général, remplacé par le Sous-Préfet). Les cas d'empêchement sont : congé régulier, maladie ou événement imprévu l'empêchant, au dernier moment, de siéger.

En outre, au cas où le Secrétaire général serait partie à l'affaire, il sera nécessairement remplacé par le Sous-Préfet, le Conseil étant composé, dans le dernier cas, de quatre membres.

L'employé déféré bénéficie, s'il y a lieu, du partage des voix.

L'avis du Conseil de discipline est motivé. Il est reproduit dans la décision du Préfet. Cette décision est notifiée à l'intéressé par lettre recommandée. Si la peine prononcée est celle de la suspension, il est tenu compte, pour sa durée, de la durée de la suspension provisoire prévue à l'article 29.

ART. 29. — En cas de faute grave ou en cas d'urgence, le Préfet peut, exceptionnellement, prononcer la suspension d'un employé avant la comparution de celui-ci devant le Conseil de discipline. Si la peine prononcée ultérieurement n'est ni la révocation, ni la suspension, l'employé aura droit à son traitement pendant la durée de la suspension. En cas de suspension préalable, le Conseil de discipline doit statuer dans le délai d'un mois à dater de la suspension.

ART. 30. — Un congé, sans traitement, est accordé par le Préfet aux employés de l'Office appelés sous les drapeaux, pour la durée de leur service militaire obligatoire. Ce congé compte pour l'avancement de classe à l'ancienneté de droit au même titre que si l'employé était présent à son service. Pendant ce congé, l'employé sera remplacé par un employé auxiliaire.

ART. 31. — Des permissions seront accordées au personnel pour l'accomplissement des périodes d'instruction militaire et pour affaires personnelles urgentes et justifiées, sur demande écrite, par le Préfet ou le Secrétaire général.

ART. 32. — En dehors des permissions indiquées à l'article précédent, il est accordé au personnel un congé annuel de 21 jours (dimanches et jours fériés compris). Ce congé peut être pris en une fois si les exigences du service ne s'y opposent pas, exigences dont le Préfet ou le Secrétaire général sont seuls juges.

ART. 33. — Les demandes de congé formulées par le personnel sont adressées par écrit au Préfet, par l'intermédiaire du Secrétaire général, après avis du Directeur de l'Office pour l'expéditionnaire et après avis du Président de la Commission paritaire administrative pour le Directeur. Elles sont formulées au moins huit jours à l'avance, à moins de circonstances exceptionnelles nécessitant une décision d'urgence.

Ces congés sont accordés par roulement de façon à ne pas nuire à la bonne marche du service.

ART. 34. — En cas de maladie, et sur la production d'un certificat délivré par un médecin assermenté, des congés de maladie peuvent être accordés au cours d'une période annuelle dans les conditions suivantes :

Trois premiers mois, traitement entier ;

Au-delà de trois mois et jusqu'à six mois, demi-traitement ;

A l'expiration des six mois de congé accordés, la mise en disponibilité pourra être prononcée.

Le décompte des congés de maladie s'effectue comme suit: le point de départ de la période annuelle, visée au paragraphe 1er, a son origine à partir du premier jour du premier congé de maladie accordé.

Les congés intermittents ou successifs sont totalisés au cours de la période annuelle envisagée au paragraphe 2 et régis par les dispositions du paragraphe 1er dès que leur total atteint trois ou six mois.

ART. 35. — Tout employé en disponibilité pour cause de maladie pourra, sur sa demande, pourvu que cette demande soit formulée dans le délai d'un an à partir de sa mise en disponibilité, être réintégré après guérison. Dans ce cas, il reprend le rang qu'il occupait avant sa mise en disponibilité et ne perd pas ses droits acquis antérieurs à sa mise en disponibilité.

Il sera remplacé pendant sa mise en disponibilité et pendant un an au maximum, par un employé auxiliaire. Au-delà, il sera définitivement remplacé dans son emploi par un employé titulaire.

Art. 36. — Les employés de l'Office bénéficient d'une retraite dans les conditions fixées par la loi du 5 avril 1910 sur les Retraites ouvrières et paysannes.

Art. 37. — M. le Secrétaire général est chargé d'assurer l'exécution du présent arrêté qui aura effet à dater du 1er janvier 1926 et qui sera inséré au *Recueil des Actes administratifs*.

Toutes dispositions contraires prévues par arrêtés préfectoraux antérieurs sont abrogées.

Troyes, le 7 août 1926.

Le Préfet,

F. ATGER.

(1re Division.)

IV. OFFICE DÉPARTEMENTAL DE PLACEMENT. —

PROMOTIONS DE CLASSES DU PERSONNEL ADMINISTRATIF. —

Arrêté

Le Préfet du Département de l'Aube,
Chevalier de la Légion d'honneur,

Vu la loi du 2 février 1925 concernant les bureaux publics de placement ;

Vu le décret du 9 mars 1926, portant règlement d'administration publique pour l'application de ladite loi ;

Vu l'arrêté préfectoral en date du 15 juillet 1926, portant organisation de l'Office départemental de placement, et fixant la composition et les attributions de la Commission paritaire administrative de contrôle de l'Office et des sections paritaires professionnelles ;

Vu l'arrêté préfectoral en date du 7 août 1926, portant règlement du personnel des bureaux de l'Office départemental de placement ;

Vu, par assimilation, la délibération du Conseil général de l'Aube, en date du 7 mai 1926, mettant à la disposition du Préfet un crédit spécial pour gratifications au personnel des bureaux de la Préfecture et des Sous-Préfectures ;

Vu là situation budgétaire ;

Vu, à la date du 7 août 1926, l'avis de la Commission paritaire administrative de contrôle de l'Office départemental de placement ;

Sur la proposition de M. le Secrétaire général de la Préfecture ;

ARRÊTE :

ARTICLE PREMIER. — M. Pierre, directeur de l'Office départemental de placement, est nommé rédacteur principal de 4ᵉ classe, au traitement annuel de 11.000 francs.

ART. 2. — M. Dissard, expéditionnaire, est nommé expéditionnaire de 8ᵉ classe, au traitement annuel de 6.600 francs.

ART. 3. — MM. Pierre et Dissard bénéficieront également de l'indemnité annuelle de 1.000 francs pour résidence, indemnité prévue à l'article 11 — dernier alinéa — de l'arrêté préfectoral en date du 7 août 1926 sus-visé.

ART 4. — Par assimilation avec le personnel des bureaux de la Préfecture et des Sous-Préfectures, MM. Pierre et Dissard, bénéficieront, en outre, d'une gratification fixée à :

M. Pierre...................... 500 fr.

M. Dissard .... 100 »

ART. 5. — M. le Secrétaire général est chargé d'assurer l'exécution du présent arrêté, qui aura effet à dater du 1ᵉʳ janvier 1926, et qui sera publié au *Recueil des Actes administratifs*.

Troyes, le 7 août 1926.

Le Préfet,
F. ATGER.

Imp. Troyenne, 10 bis, place de l'Hôtel-de-Ville, Troyes